Laissez venir à moi les petits enfants, a dit N. S. J.-C.

Étrennes de 1866,

Par une société d'hommes aussi dévoués à l'enfance que désintéressés à son égard, et, pour la plupart, chefs d'institution

MÉTHODE DE LECTURE

D'APRÈS L'ANCIENNE ET LA NOUVELLE ÉPELLATION.

Les élèves nomment les lettres d'après la nouvelle méthode, parce qu'elle leur facilite *l'assemblage* des *syllabes* ; mais nous tenons à ce qu'ils énoncent, en épelant, tous les *caractères* composant les *syllabes* et les *mots*, attendu que, forcément, ils considèrent plus attentivement toutes les lettres qui entrent dans la composition des mots.

B. N. Avec cet alphabet, les enfants de 3 à 4 ans sont mis dans la possibilité d'apprendre *seuls* les caractères de notre langue et la nouvelle appellation, dès qu'ils connaissent les *noms* des *images* qu'il renferme, ceci vient de ce que, en nommant les images, ils ont aussi nommé les lettres sans s'en douter.

(1447)

PRIÈRE A N. S. J.-C.

Mon divin et aimable Jésus, qui caressiez les petits enfants lorsque vous étiez sur la terre, faites-moi la grâce, s'il vous plait, de vous aimer de tout mon cœur, de ne vous offenser jamais, et de bien apprendre à lire, pour porter un livre aux offices, et y nourrir mon àme de vos saintes Écritures.

Ainsi soit-il.

C.

ALPHABET.

MÉTHODE POUR EN APPRENDRE LES LETTRES.

I. — On apprend d'abord les noms des images aux élèves, et quand ils les savent *parfaitement*, on les leur fait nommer, en faisant une petite *pause* après chaque *syllabe*.

II. — Puis on leur demande alternativement :

Par quoi commence le mot A-LAM-BIC ?

Si l'élève interrogé répond, par A, alors on lui montre les trois lettres placées sous l'image, en lui disant qu'elles se nomment aussi A.

Faire des questions semblables à chaque image, jusqu'à ce que les élèves y répondent *sans aucune hésitation*.

III. — Lorsque les élèves ont répondu *très-correctement* à chacune de ces questions, on leur dit d'aller à leur place étudier leur leçon.

OBSERVATION. — On dit aussi à ces élèves, que quand ils ne se rappellent pas le nom d'une lettre, il n'ont qu'à jeter les yeux sur l'image placée au-dessus de la lettre dont ils ont oublié le nom, et à appeler le nom de cette image, pour se remémorer celui de la lettre dont il s'agit.

N. B. Les élèves apprennent les noms de *quatre images* à chaque leçon.

Arras, Typ. et Lith. d'Alphonse Brissy.

RÉCAPITULATION DE L'ALPHABET.

y V *l*   r S q   o M *k*   i G c

c A z   x U s   q O n   l J *h*

f E c   a Z x   v T r   p N l

j H *f*   d B y   u R p   n L j

b F d   z X v   s Q o   m K i

g D b   t Y u   o I m   k P a

e C g   b S t   q J n

CHIFFRES ROMAINS.

I II III IV V VI VII VIII IX X.

CHIFFRES ARABES.

1 2 3 4 5 6 7 8 9 10.

ÉPELLATION ET LECTURE

DU

BA BE BI BO BU

MÉTHODE. *Épelez* et *lisez* ensuite chaque leçon *horizontalement*, 1º de gauche à droite, 2º de droite à gauche puis *verticalement*, 1º de haut en bas, 2º de bas en haut.

1er EXERCICE.

ba	»	bâ	be	bé	bè	bê
bi	bî	by	bo	»	bu	bû
da	dà	dâ	de	dé	dè	dê
di	dî	d'y	do	dô	du	dû
fa	»	fâ	fe	fé	fè	fê
fi	fî	fy	fo	fô	fu	fû
ja	jà	jâ	je	jé	jè	jê
ji	»	j'y	jo	»	ju	jû

2e EXERCICE.

ka	»	»	»
ke	ké	»	»
ki	»	ky	»
ko	»	ku	»

la	là	lâ	le	lé	lè	lê	»
li	lî	l'y	lo	lô	lu	lû	»
ma	»	mâ	me	mé	mè	mê	
mi	mî	m'y	mo	mô	mu	mû	
na	«	nâ	ne	né	nè	nê	
ni	nî	n'y	no	nô	nu	nû	

3ᵉ EXERCICE.

pa	»	pâ	»
pc	pé	pè	pê
pi	pî	py	»
po	pô	pu	pû

ra	»	râ	re	ré	rè	rê	»
ri	rî	»	ro	rô	ru	rû	»
sa	»	sâ	se	sé	sè	sê	»
si	sî	s'y	so	sô	su	sû	»
ta	»	tâ	te	té	tè	tê	»
ti	»	t'y	to	tô	tu	tû	»

4ᵒ EXERCICE.

va » vâ »

ve · vé » vê

vi vî » »

vo vô vu vû

xa » xâ xe xé » » »

xi » » xo » xu » »

za » ze zé » » »

zi » zo » zu »

EXERCICES
D'ÉPELLATION ET DE LECTURE
EXTRAITS DU
BA BE BI BO BU.

MÉTHODE. Les élèves épellent d'abord tous les mots de chaque lecture et les lisent ensuite.

1re LECTURE.

A na to le i ra à Ba de, A dé li na va à Bâ le. La ro be sa le de Sa ra. Sa bi ne a o béi à sa mè re. Ta pe ti te bê te se ra ma la de. Ma mè re a de la bi le. Re né va à l'a bî me. É lé o no re i ra à Bu de. Ma da me Jo ly a u ne ra ve. Fi dè le au ra u ne de mi - lu ne, Le dé pu té va à Li ma. Sa ra fe ra la ro be d'A dè le, Jé rô me a vu A dé li na. Ma-

ri a a do re la Di vi-
ni té. Fi dè le a dî né.
Le do mi no de Re né.
Le jo li dô me d'A li-
ne. La fê te de pa pa.
La fa mi ne du re ra.

2ᵉ LECTURE.

La sa la de de Ma ri a. Sa ra
fe ra la ro be d'A dè le. Le pè re de
Ma xi me a u ne fé ru le. Re né au-
ra u ne pe ti te fè ve mû re. Pa pa va
à la fê te. Ma ri a fi ni ra ma ro-
be. Jé rô me fo ra, a fo ré, fo re ra.
A dé la ï de ré fu ta Zo é. A dè le a
dé jà vu Ja va. A na to le me je ta

une pi pe. Re ti re ta fè ve à Zoé. Ma ri a re ti re ra ta fè ve. É mi le au ra le jo li pa té de Ma xi me. A dé la ï de au ra du ju ju be de sa mè re. Ma ri a a u ne pe ti te ju pe d'A dé li ne.

3ᵉ LECTURE.

L'a mi de Fi dè le se ra pu ni. É mi le va là. Jé rô me é lè ve l'â me. Ma xi me le va Fi dé li ne. É lé o no re lè ve ra Ma ri a. Le pè re de ma mè re a le vé A dè le. Fi dè le a vu

l'é li te de Ba ta vi-
a. Sa bi ne au ra u-
ne li mi te sé vè re.
Ma xi me a é té sa-
me di à l'O dé on, y
a vu É mi le. La lu-
ne lè ve. Jé rô me a
l'é pi de Ma xi me. Le ma ri d'E lé-
o no re a bu. La ma tu ri té de la sa-
la de. Jo ly me na sa mè re à Ja va.
A dé li ne mé ri ta u ne fé ru le.
E mi le mè ne ra Sa ra à Ba ta vi a.
Ma mè re mê me i ra à Ro me. Sa-
ra a vu u ne mi ne ra re. A dé la ï-
de a u ne ro be à la mo de. Zo é a
de la li mu re. La mû re d'A na to le.

4ᵉ LECTURE.

La fête de la Divinité
La nature rare. Apoline
a vu la Neva. René re ni a
sa mère Adélaïde, la Di-
vi ni té le pu ni ra. Ma ri a
au ra u ne no te ra re. Jé rô-
me a lu le nu mé ro d'A za.

Nu ma a dé fi lé la pa ra de. A dé li na a
pâ li. Ma pe ti te A dè le pé ri ra. Le pè re
de Jé rô me se ra po li. A na to le a ma pi pe
fi ne. Emile a vu le pô le du mi di. La pu re-
té de la pe ti te Ma ri a la fe ra é li re de la
Di vi ni té. La mè re de Sa ra mè ne Zo é à
Ja va. Le pè re d'A na to le m'a vu ri re, le
pè re d'A na to le me pu ni ra.

5ᵉ LECTURE.

La ra me de Ma xi me m'a pa ru ra re.

A dé li ne a a va lé le re mè de de sa mè re. Je ré vè re la Di vi ni té. Le rê ve de Jo ly te fe ra ri re. Jo ly a ri de Jé rô me. Da ma de a vu Ro me. Le jo li rô le d'É mi le. Le ru de, le po li. Sa bi ne se ra sa le. Zo é sé pa re ra sa mè re d'A dè le. La sè ve se ra u ti le. Jé rô me si mu la, a si mu lé, si mu le ra. Le so fa d'É mi le se ra la vé. La sa la de su re d'A dé la ï de. La mè re de la sû re té. É mi le a ri de sa mè re, É mi le se ra pu ni. Zo é sa lu a la Di vi ni té.

6ᵉ LECTURE.

Ma xi me m'a ta xé, me ta xe ra, me ta xe, me ta xa. Jé rô me se ra re te nu. La ra re té de ma pi pe fi ne. La pe ti te tê te de Sa bi ne.

La ti mi di té de Ma xi me. É lé o no re t'o bé i ra. Fi dè le tu a la pe ti te bê te de Zo é. Ma ri a a va le ra le re mè de de sa mè re. La pe ti te vé ro le a ra me né ma pe ti te A li ne à Du ry. A dè le vê ti ra de sa ro be la pe ti te Zo é. Sa ra a é té a vi de. Fi dè le a vo lé la pi pe ra re de pa pa. Fi dè le se ra pu ni. Le vo lu me ra re. Zo é a de la le vu re. A za a de la pâ te a zy me. Le jo li A na to le.

Les *éléments* du BA BE BI BO BU, qui offrent le moins de difficultés étant épelés et lus, nous présentons à l'élève ceux qui semblent plus difficiles au premier coup d'œil, mais que nous rendons aussi faciles que les premiers.

OBSERVATION. Avant d'aller plus loin, il faut que l'élève sache correctement le contenu de cette observation, ainsi que les deux exercices ci-après :

GU se prononce G, — QU se prononce Q (d'après la nouvelle appellation).

MÉTHODE. Épelez et lisez les lignes chiffre 1 ci-dessous, absolument comme les lignes chiffre 2.

1er EXERCICE.

1	ca(*)	«	cà	ce	cé	cè	cê
2	ka	«	kà	se	sé	sè	sê
1	ci	cî	cy	co	cò	cu	cû
2	si	sî	sy	ko	kô	ku	kû
1	ça	çà	çâ	ço	«	çu	çû
2	sa	sà	sâ	so	«	su	sû

(*) OBSERVATION DE L'ÉLÈVE. Tout à l'heure, j'ai appris le facile avec le maître, maintenant, à cause de mes connaissances acquises, je vais apprendre le difficile tout seul et sans effort aucun.

2ᵉ EXERCICE.

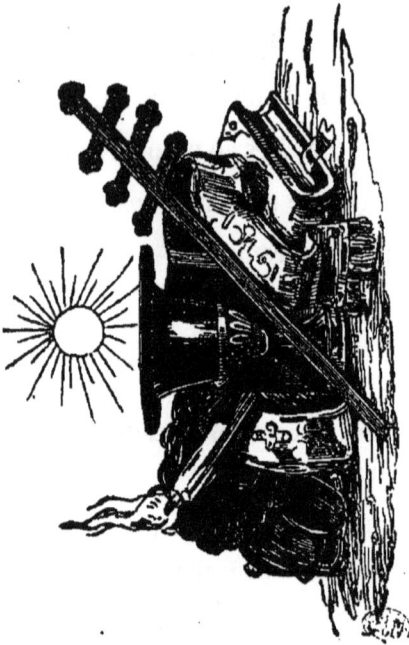

1 ga	«	gâ	«
2 gua	«	guâ	«
1 ge	gé	gè	gê
2 je	jé	jè	jê
1 gi	gî	gy	«
2 ji	jî	j'y	«
1 go	«	gu	gû
2 guo	«	guu	guû
1 geâ[1]	«	geo	geu[2]
2 ja	jâ	jo	ju

1 ha[3]	»	»	he	hé	»	hê
2 a	»	»	e	é	»	ê
1 hi	»	hy	ho	»	hu	hû
2 i	»	y	o	»	u	û

1 Les deux lettres G E, se prononcent ensemble en épelant (JE).

2 GEU se prononce JU, dans GAGEURE : prononcez GAJURE.

3 La lettre H étant nulle dans la prononciation, elle ne se nomme ni en épelant ni en lisant, on lit tout bonnement les lignes chiffre 1 comme les lignes chiffre 2.

1	qua	qu'à	quâ	»
2	ka	kà	kâ	»
1	que	qué	què	quê
2	ke	ké	kè	kê
1	qui	quî	qu'y	»
2	ki	kî	ky	»
1	quo	»	qu'u	qû˙
2	ko	»	ku	kû

˙ QU (ke), avec accent circonflexe sur U (û), se prononce KU.

EXERCICE SUR *GU* (g) ET SUR *QU* (q).

vo gua, mo qué, fi gue, vo gue ra, mo qua, qu'u ne, co que, gui da, fa ti gua, fa ti gue ra, gui de, li qui de, li qui de ra, fa ti gué.

Épelez l'exercice ci-dessus, comme ci-après :

1   v, o, vo, gu, a, gua, vogua.

Comme s'il y avait : — v, o, vo, g, a, ga, voga.

1   m, o, mo, qu. é, qué, moqué.

id.   : — m, o, mo, k, é, ké, moké,

LECTURES

RÉSUMANT LES DIFFICULTÉS DU
BA BE BI BO BU.

1re LECTURE.
(Épelez et lisez ensuite).

Ca ma ra de Ni co le, ta mè re a re çu i ci la pe ti te Cé ci le qui a vu pa pa à Cu ra ça o. L'é lè ve que Ma ri a a vu à Ca ta ne, lo geu sa me di à Mo dè ne. La pe ti te geo le que Sa ra mé ri ta, m'a pa ru sa le. Ju li a n'a qu'u ne ro be qui t'a pa ru ra re.

2e LECTURE.

La co qui ne de Sa bi ne a vé cu à Li ma. La ga geu re d'A dé la ï de t'a va lu ce jo li ca li ce. La fa ça de du pa vé que Ca ro li ne a re çu de sa mè re, m'a pa ru ra re. Ma xi me te lé gua sa ca ba ne. Fi dè le a vu la

Ga li ce. La gé né ra
li té te di ra que
Jérô me a vu l'A ma
zo ne. La pi qû re lé-
gè re de la pe ti te
É lé o no re. La
quê te po li ti que de
la da me ca du que.

———

FIN.

OBSERVATION. Notre seconde livraison, qui paraîtra incessam-
ment, résumera toutes les difficultés de la lecture, et n'exigera pas plus
d'efforts de la part de l'élève que la première, étant conçue et exécutée
sur le même plan.

Arras, Typographie et Lithographie d'ALPHONSE BRISSY.